WRAPS

– lecker gefüllt & fix gerollt

Ein neuer Trend made in USA – Wraps sind heute in aller Munde. Und wer die tollen Rollen noch nicht kennt: Wraps (von englisch to wrap – einrollen) sind gebackene Weizenmehlfladen, ähnlich den mexikanischen Tortillas, die nach Lust und Laune gefüllt werden. Man genießt sie warm oder kalt, als fix gemachte Mahlzeit oder Partysnack, solo oder mit leckerem Dip. Das Rollen und Füllen ist kinderleicht – zumal man die Wrap-Fladen gar nicht selber backen muss: Fertig abgepackte gibt's im Supermarkt.
Also auf die Plätze, fertig, losgewrappt!

TEX-MEX-WRAPS

➤ Klassiker

Nicht nur für Gauchos und Cowboys: deftige Rollen ganz schön hot

Zutaten für 4 Wraps (siehe Seite 18 oder Fertigprodukt):

1/2 kleiner Eisbergsalat

3 Tomaten • 3 EL neutrales Öl

2 Rindersteaks (à ca. 150 g)

Salz • Pfeffer

4 EL Maiskörner (aus der Dose)

6 EL Tomatensalsa (aus dem Glas, Fertigprodukt)

Für die Avocadocreme:

1 reife Avocado • 2 EL saure Sahne

1 EL Limettensaft

1/4 TL gemahlener Kreuzkümmel

1 EL gehacktes Koriandergrün

Salz • Pfeffer

etwas Tabasco

1 Wraps nach Anleitung zubereiten und warm halten. Den Salat in schmale Streifen schneiden, waschen und trocknen. Die Tomaten waschen, achteln, dabei die Stielansätze entfernen.

2 Für die Avocadocreme die Avocado halbieren, Kern entfernen und das Fruchtfleisch mit einem Löffel herauslösen, mit einer Gabel fein zermusen. Saure Sahne, Limettensaft, Kreuzkümmel und Koriander untermischen und mit Salz, Pfeffer und Tabasco kräftig abschmecken.

3 Öl in einer Pfanne erhitzen, darin die Steaks in 4–5 Min. pro Seite braun braten. Salzen, pfeffern und kurz ruhen lassen. Avocadomus gleichmäßig auf die Wraps streichen. Salat, Tomaten und Mais gleichmäßig auf den Wraps verteilen und mit der Tomatensalsa beträufeln. Steaks in dünne Streifen schneiden, auf die Wraps legen, aufrollen und nach Belieben mit Salsa servieren.

ZUBEREITUNGSZEIT: 25 MIN.
PRO PORTION ETWA: 1850 KJ/440 KCAL

TIPP: Für selbst gemachte Salsa 400 g Dosentomaten (mit Saft) mit 1 gehackten Zwiebel, 2 gehackten Knoblauchzehen und 1–2 kleinen gehackten Chilischoten 5 Min. köcheln lassen, pürieren und mit 1–2 EL Weißweinessig, 1 Prise Zucker, Salz und Pfeffer abschmecken.

TUNA-WRAPS

➤ schnell

Fast schon ein Klassiker – die Ur-Rolle auf etwas leichtere Art

Zutaten für 4 Wraps (siehe Seite 18 oder Fertigprodukt):

- *2 Dosen Tunfisch im eigenen Saft (à 150 g Abtropfgewicht)*
- *6 EL Mascarpone*
- *2 EL Weißwein (ersatzweise 1 TL Zitronensaft)*
- *3 EL Sahne*
- *1 EL Kapern*
- *Salz • Pfeffer*
- *150 g Salatgurke*
- *2 EL gehackte glatte Petersilie*
- *8 große Blätter Kopfsalat*

ZUBEREITUNGSZEIT: 15 MIN.
PRO PORTION ETWA: 720 KJ/170 KCAL

1 Wraps nach Anleitung zubereiten und warm halten. Den Tunfisch in einem Sieb abtropfen lassen und grob zerpflücken. Tunfisch mit Mascarpone, Weißwein, Sahne und Kapern in eine Schüssel geben und mit dem Pürierstab pürieren. Mit Salz und Pfeffer abschmecken.

2 Gurke waschen, schälen und ganz fein würfeln und mit der Petersilie unter die Tunfischmasse mengen. Den Salat waschen, trocknen und je 1 Blatt flach auf die Wraps legen. Die Tunfischmasse darauf gleichmäßig glatt streichen und das zweite Salatblatt darauf legen. Die Wraps fest aufrollen und servieren.

! **VARIANTEN:** Statt der Gurke können Sie auch 4 klein geschnittene Artischockenherzen oder zusätzlich je 1 in Streifen geschnittene rote und gelbe Paprikaschote verwenden. Ebenfalls eine tolle Füllung: 200 g abgetropfte weiße Bohnen aus der Dose, 125 g abgetropften, zerpflückten Tunfisch in Öl, 50 g klein geschnittene Oliven und 1 klein gewürfelte rote Paprikaschote mischen. Das Ganze mit einer Marinade aus 1 TL Senf, 3 EL Weißweinessig, 1 EL Olivenöl, Salz, Pfeffer und klein gehacktem Basilikum vermengen und in Wrap-Tüten füllen.

ITALIA-WRAPS

➤ mediterran

Alternative zur Pizza: Wrappen auf italienische Art

RUCOLA-RICOTTA-WRAPS

Zutaten für 4 Wraps (siehe Seite 18 oder Fertigprodukt):

- *2 Bund Rucola*
- *1 Bund Basilikum*
- *16 Kirschtomaten*
- *1 Knoblauchzehe*
- *200 g cremiger Ricotta*
- *Salz*
- *Pfeffer*

ZUBEREITUNGSZEIT: 15 MIN.
PRO PORTION ETWA: 400 KJ/95 KCAL

1 Wraps nach Anleitung zubereiten und warm halten. Rucola und Basilikum waschen, trocknen, beides getrennt grob zerschneiden. Kirschtomaten waschen, vierteln, dabei die Stielansätze entfernen.

2 Knoblauch schälen, durchpressen und mit Ricotta und Basilikum mit dem Pürierstab gut pürieren. Mit Salz und Pfeffer würzen. Ricottacreme auf die Wraps streichen, Rucola darauf verteilen und Tomaten darüber streuen, aufrollen und servieren.

TOMATEN-MOZZARELLA-WRAPS

Zutaten für 4 Wraps (siehe Seite 18 oder Fertigprodukt):

- *200 g Mozzarella*
- *3 EL Pesto (aus dem Glas)*
- *3 Tomaten*
- *1 kleiner Romanasalat*
- *2 EL Aceto Balsamico*
- *3 EL Olivenöl*
- *Salz • Pfeffer*

ZUBEREITUNGSZEIT: 20 MIN.
PRO PORTION ETWA: 1020 KJ/240 KCAL

1 Wraps nach Anleitung zubereiten und warm halten. Mozzarella trockentupfen, in 1 cm große Würfel schneiden und mit dem Pesto mischen. Die Tomaten waschen, klein würfeln, dabei die Stielansätze entfernen. Romanasalat zerteilen, waschen und trocknen. Die Blätter in 1 cm breite Streifen schneiden.

2 Aceto Balsamico und Öl verrühren, salzen, pfeffern und mit Salat und Tomaten mischen. Wraps zu Tüten rollen und Salatmischung und Mozzarella einfüllen.

KARIBIK-WRAPS

➤ exotisch-fruchtig

Der richtige Snack, wenn Sie mal wieder reif für die Insel sind

Zutaten für 4 Wraps (siehe Seite 18 oder Fertigprodukt):

- *1 Limette*
- *je 1/2 TL gemahlener Piment, Chilipulver und getrockneter Thymian*
- *4 EL Olivenöl*
- *1 Knoblauchzehe*
- *300 g Schweinefilet*
- *250 g Ananas (frisch oder aus der Dose)*
- *3 Stangen Staudensellerie*
- *2 Frühlingszwiebeln*
- *4 große Blätter Kopfsalat*
- *150 g Joghurt*
- *4 EL Mayonnaise*
- *2 EL Currypulver*
- *Salz • Pfeffer*

Zubereitungszeit: 20 Min.
Marinierzeit: 5 Std.
Pro Portion etwa: 1300 kJ/310 kcal

1 Die Limette heiß waschen, 1 TL Schale abreiben, Saft auspressen. Schale und 2 EL Saft mit den Gewürzen und Olivenöl verrühren (restlichen Saft aufbewahren). Knoblauch schälen und dazupressen. Das Schweinefilet mit dieser Marinade bestreichen und zugedeckt ca. 5 Std. ziehen lassen.

2 Wraps nach Anleitung zubereiten und warm halten. Die Ananas schälen, in Scheiben schneiden, Strunk entfernen, Scheiben achteln. Staudensellerie und Frühlingszwiebeln waschen, putzen und in feine Scheiben bzw. Ringe schneiden. Salat waschen und trocknen.

3 Joghurt, Mayonnaise, Curry und 1 EL Limettensaft verrühren. Das Fleisch aus der Marinade nehmen, Marinade in einer Pfanne erhitzen. Das Filet darin rundherum 8–10 Min. braten, aus der Pfanne nehmen, salzen, pfeffern und warm halten. Die Ananas im verbliebenen Öl in 3 Min. leicht braun braten.

4 Die Hälfte der Currycreme gleichmäßig auf die Wraps streichen, Salatblatt flach darauf legen. Sellerie und Frühlingszwiebeln darüber streuen, restliche Creme darüber geben. Das Fleisch in Scheibchen schneiden und mit der Ananas längs auf die Mitte der Wraps legen, aufrollen.

RÄUCHERLACHS-WRAPS

➤ edel

Die ultimative Partyrolle macht sich auch gut auf jedem Buffet

Zutaten für 4 Wraps (siehe Seite 18 oder Fertigprodukt):

- *1 kleiner roter Eichblattsalat (ersatzweise Lollo rosso)*
- *1 reife Avocado*
- *1 EL Zitronensaft*
- *2 Frühlingszwiebeln*
- *2 EL Dijon-Senf*
- *2 EL Honig*
- *2 EL Sherryessig*
- *6 EL Sonnenblumenöl*
- *je 1 EL gehackter Dill und Estragon*
- *Salz • Pfeffer*
- *8 Scheiben Räucherlachs (oder Graved Lachs)*

ZUBEREITUNGSZEIT: 15 MIN.
PRO PORTION ETWA: 1850 KJ/440 KCAL

1 Wraps nach Anleitung zubereiten und warm halten. Den Salat in einzelne Blätter zerteilen, waschen, trocknen und grob zerzupfen. Die Avocado halbieren, den Kern entfernen, die Frucht vorsichtig aus der Schale lösen, längs in Spalten schneiden und sofort mit Zitronensaft beträufeln. Frühlingszwiebeln waschen, trocknen und das Grün in feine Röllchen schneiden.

2 Senf und Honig in einem Schälchen gut verrühren, Essig unterrühren und dann das Öl tröpfchenweise mit einer Gabel unterschlagen. Die Kräuter dazugeben und mit Salz und Pfeffer abschmecken.

3 Die Wraps mit jeweils 2 Lachsscheiben belegen. Salat darauf legen und gleichmäßig mit Sauce beträufeln. Die Avocadospalten längs in die Mitte der Wraps legen, die Frühlingszwiebeln darüber streuen und aufrollen.

! **VARIANTE:** Statt der Honig-Senf-Sauce eine Creme aus 200 g Joghurt-Frischkäse, 2 EL Crème fraîche, 2 TL Meerrettich aus dem Glas und 2 EL gehacktem Schnittlauch anrühren, auf die Wraps streichen, Lachs und übrige Zutaten wie angegeben darauf legen (evtl. weniger Salat verwenden). Oder statt Avocado Salatgurkenstreifen verwenden.

LAMM-WRAPS

➤ mediterran

Ein Imbiss, wie man ihn in Griechenland oder der Türkei schätzen würde

Zutaten für 4 Wraps (siehe Seite 18 oder Fertigprodukt):

- *200 g Joghurt*
- *1 EL gehackte Minze*
- *abgeriebene Schale von 1/2 unbehandelten Zitrone*
- *2 Knoblauchzehen*
- *Salz • Cayennepfeffer*
- *4 große Blätter Kopfsalat*
- *1 Aubergine • 1 Zwiebel*
- *100 g Fetakäse • 2 EL Olivenöl*
- *400 g Lammhackfleisch*
- *1/2 TL getrockneter Oregano*
- *1 EL Tomatenmark*
- *100 ml Brühe • 2 Tomaten*

ZUBEREITUNGSZEIT: 25 MIN.
PRO PORTION ETWA: 1190 KJ/285 KCAL

1 Wraps nach Anleitung zubereiten und warm halten. Für den Dip Joghurt mit Minze und Zitronenschale verrühren. Knoblauch schälen. 1 Zehe in den Dip pressen, mit Salz und Cayennepfeffer abschmecken.

2 Den Salat waschen und trocknen. Aubergine waschen, putzen und in 1 cm große Würfel schneiden. Die Zwiebel schälen und mit dem übrigen Knoblauch fein würfeln. Fetakäse klein würfeln.

3 Olivenöl in einer Pfanne erhitzen. Zwiebel und Knoblauch darin andünsten. Das Hackfleisch dazugeben und unter Rühren krümelig braten. Mit Salz, Cayennepfeffer und Oregano würzen, Auberginen, Tomatenmark und Brühe dazugeben, verrühren und in 5–7 Min. offen einköcheln lassen.

4 Inzwischen Tomaten waschen, würfeln, dabei die Stielansätze entfernen. Die Salatblätter flach auf die Wraps legen, Fetakäse unter das Hackfleisch mischen und auf den Wraps verteilen, Tomaten darüber streuen, aufrollen und sofort mit dem Dip servieren.

TIPP: Vorschlag für einen zweiten Dip, der Farbe ins Spiel bringt: 100 g Joghurt mit 125 g Ajvar (Paprikapaste) und 1/2 Bund gehackter glatter Petersilie mischen, evtl. salzen und pfeffern.

VEGGIE-WRAPS

➤ vegetarisch

Hier rollen die Vitamine: knackig-frische Füllung für Gemüsefans

Zutaten für 4 Wraps
(siehe Seite 18 oder Fertigprodukt):

- *150 ml Gemüsebrühe*
- *5 EL Erdnussbutter (aus dem Glas)*
- *1 TL brauner Zucker*
- *1 EL Zitronensaft*
- *1/2 TL Sambal oelek*
- *1 Knoblauchzehe*
- *Salz • Pfeffer*
- *100 g Zuckerschoten*
- *3 Möhren*
- *1 gelbe Paprikaschote*
- *4 Blätter Kopfsalat*
- *150 g Sprossen (z. B. Alfalfa- oder Radieschensprossen)*
- *3 EL gehackte, gesalzene, geröstete Erdnüsse*

ZUBEREITUNGSZEIT: 20 MIN.
PRO PORTION ETWA: 800 KJ/190 KCAL

1 Die Wraps nach Anleitung zubereiten und warm stellen. Die Gemüsebrühe leicht erhitzen, die Erdnussbutter dazugeben und glatt rühren. Etwas abkühlen lassen, dann Zucker, Zitronensaft und Sambal oelek dazugeben, Knoblauch schälen, dazupressen und gut verrühren. Mit Salz und Pfeffer abschmecken.

2 Die Zuckerschoten in Salzwasser 3 Min. kochen, in ein Sieb geben, mit kaltem Wasser abbrausen und abtropfen lassen. Die Möhren schälen, quer halbieren und längs in schmale Stifte schneiden. Die Paprikaschote halbieren, putzen, waschen und längs in schmale Streifen schneiden.

3 Die Salatblätter waschen, trocknen und flach auf die Wraps legen. Die Sprossen abbrausen, abtropfen lassen und mit der Erdnuss-Sauce mischen. Zuckerschoten, Möhren- und Paprikastifte längs auf die Mitte der Wraps legen. Erdnuss-Sprossen-Mischung über die Wraps verteilen, mit Erdnüssen bestreuen und aufrollen.

TIPPS: Wer es etwas gehaltvoller will, kann noch hart gekochte Eier oder in Sojasauce marinierten, gebratenen Tofu einrollen – oder das Plus für Nicht-Vegetarier: knusprig ausgebratene Baconscheiben.

Grundrezept für 4 Wraps

1 200 g Weizenmehl (Type 405) mit 1/2 TL Salz mischen. Mit 2 EL weichem Butterschmalz und 5–6 EL Wasser mit den Knethaken des Handrührgeräts, dann mit den Händen zu einem Teig kneten.

2 Den Teig abgedeckt 1/2 Std. ruhen lassen. Anschließend auf einer bemehlten Arbeitsfläche möglichst dünn zu Fladen von 20–25 cm Durchmesser ausrollen.

3 Eine gusseiserne Pfanne ohne Fett erhitzen und die Fladen je Seite 1–2 Min. bei mittlerer Hitze backen. Wenn sie sich aufblähen, mit einem Geschirrtuch flach drücken und hellbraun backen.

4 Die fertigen harten Fladen in ein angefeuchtetes Geschirrtuch schlagen, damit sie weich und formbar werden. Vor dem Füllen in der Pfanne erwärmen und ggf. im Ofen warm halten.

Wraps – unendlich vielfältig

1 Mehr Farbe und Geschmack in den Wrap-Teig bringen z. B. jeweils 4 EL pürierter Spinat, 3 EL Tomatenmark, 1 Bund gehackte Petersilie oder Koriandergrün oder 2 gehackte Knoblauchzehen.

2 Wraps rollen ist kein Problem: Erst die rechte Seite leicht einschlagen (gibt den »Boden«), dann die untere Seite nach oben hin aufrollen. Pergamentpapier um die Wraps verhindert Kleckern!

3 Ebenfalls schön für viel Inhalt: Wraps bis zur Mitte hin aufschneiden und zu einer Tüte drehen. Pergament darum schlagen! So lassen sich jede Menge Füllung und Sauce reinpacken!

4 Und wenn's mal schnell gehen soll: Wraps werden inzwischen in vielen Varianten fertig angeboten. Sie müssen einfach nur nach Anleitung im warmen Backofen erhitzt werden.

HOT-CHICKEN-WRAPS

➤ exotisch

Süß-sauer-fruchtig und ganz schön scharf!

Zutaten für 4 Wraps (siehe Seite 18 oder Fertigprodukt):

- *4 große Blätter Kopfsalat*
- *400 g Hähnchenbrustfilet*
- *1 rote Paprikaschote*
- *2 kleine reife Mangos*
- *2 Knoblauchzehen*
- *1 TL Sambal oelek*
- *2 EL Honig*
- *3 EL Weißweinessig*
- *Salz • Pfeffer*
- *2 EL neutrales Öl*
- *2 EL Sojasauce*
- *ausgepresster Saft von 1 Orange*
- *2 EL gehackte glatte Petersilie*

Zubereitungszeit: 30 Min.
Pro Portion etwa: 1130 kJ/270 kcal

1 Wraps nach Anleitung zubereiten und warm halten. Salat waschen und trocknen. Das Hähnchenfleisch in 1 cm breite Streifen schneiden. Paprikaschote halbieren, putzen und waschen. Mangos schälen, halbieren und die Kerne entfernen. Eine Mangohälfte und die Paprikaschote in 1 cm große Würfel, restliches Mangofleisch in grobe Stücke schneiden.

2 Für den Dip die Knoblauchzehen schälen, 1 davon zu den Mangostücken pressen. Jeweils die Hälfte Sambal oelek, Honig und Essig dazugeben und mit dem Pürierstab pürieren, mit Salz und Pfeffer abschmecken.

3 Das Öl in einer Pfanne erhitzen, Hähnchenfleisch darin rundherum braun braten, salzen und pfeffern. Restlichen Knoblauch zum Fleisch pressen, dann mit Sojasauce und Orangensaft ablöschen. Restliches Sambal oelek, Honig, Essig und die Paprikawürfel unterrühren und bei kleiner Hitze ca. 3 Min. köcheln lassen.

4 Je 1 EL Petersilie mit dem Mangopüree bzw. mit dem Fleisch und der Paprika mischen. Salatblätter flach auf die Wraps legen, Fleisch mit Bratensauce darauf verteilen und mit Mangowürfeln bestreuen. Wraps aufrollen und mit Mangodip servieren.

SPARGEL-WRAPS

➤ für Gäste

Spargel in neuem Gewand: mediterran-leicht eingepackt

Zutaten für 4 Wraps (siehe Seite 18 oder Fertigprodukt):

- *12 Stangen grüner Spargel*
- *1 Bund Rucola*
- *1 TL körniger Senf*
- *1 TL Honig*
- *3 EL Aceto Balsamico*
- *4 EL Olivenöl*
- *1 Tomate*
- *2 getrocknete in Öl eingelegte Tomaten*
- *1 EL gehacktes Basilikum*
- *4 Scheiben Parmaschinken*
- *40 g Parmesan am Stück*
- *Salz • Pfeffer*

ZUBEREITUNGSZEIT: 25 MIN.
PRO PORTION ETWA: 990 KJ/240 KCAL

1 Wraps nach Anleitung zubereiten und warm halten. Den Spargel waschen, die holzigen Endstücke entfernen. Spargel in Salzwasser in 10–12 Min. gar kochen.

2 Inzwischen Rucola waschen, putzen und trocknen. Senf, Honig und Aceto Balsamico in einem Schälchen verrühren, dann das Öl nach und nach mit einer Gabel unterschlagen, bis eine cremige Sauce entsteht.

3 Die Tomate waschen und fein würfeln, dabei den Stielansatz entfernen. Die getrockneten Tomaten ebenfalls fein würfeln. Mit dem Basilikum unter die Vinaigrette mischen. Die Hälfte der Vinaigrette mit dem Rucola mischen.

4 Spargel abgießen und in einem Sieb abtropfen lassen. Den Schinken quer halbieren und auf die Wraps legen, darauf den Rucola verteilen. Die Spargelstangen längs nebeneinander darauf legen und mit restlicher Vinaigrette beträufeln. Parmesan darüber hobeln und die Wraps aufrollen.

VARIANTE: Spargelwraps mit Kräutercreme: 125 g Crème fraîche, 100 g Frischkäse, 1 TL Senf, 1 EL Zitronensaft, je 1/2 Bund gehackten Kerbel, Dill, Schnittlauch, Salz und Pfeffer verrühren. Wraps mit der Creme bestreichen, je 1 Blatt Kopfsalat und 1 Scheibe gekochten Schinken und 3–4 Stangen Spargel darauf legen und aufrollen.

GARNELEN-MELONEN-WRAPS

➤ frisch & fruchtig

Genau der richtige Snack für einen heißen Sommertag

Zutaten für 4 Wraps
(siehe Seite 18 oder Fertigprodukt):

- *1/2 kleiner Eisbergsalat*
- *1/2 Salatgurke*
- *1/2 Charentais-Melone (ersatzweise Galia-Melone)*
- *125 g Mayonnaise*
- *75 g saure Sahne*
- *2 EL Ketchup*
- *1 EL Tomtenmark*
- *1 EL Cognac (ersatzweise Zitronensaft)*
- *Salz • Pfeffer*
- *etwas Tabasco*
- *400 g gegarte Eismeergarnelen*
- *1 Kästchen Kresse*

ZUBEREITUNGSZEIT: 20 MIN.
PRO PORTION ETWA: 1660 KJ/400 KCAL

1 Die Wraps nach Anleitung zubereiten und warm halten. Den Eisbergsalat in 1 cm breite Streifen schneiden, waschen und trocknen. Die Salatgurke waschen und längs in schmale Stifte schneiden (sie sollten so lang wie der Durchmesser der Wraps sein). Die Melone entkernen, schälen und in schmale Spalten schneiden.

2 Für die Cocktailsauce Mayonnaise, saure Sahne, Ketchup, Tomatenmark und Cognac (oder Zitronensaft) gut verrühren. Mit Salz, Pfeffer und einigen Spritzern Tabasco würzig abschmecken.

3 Die Garnelen in einem Sieb abtropfen lassen. Kresse waschen, trockenschütteln und abschneiden. Beides vorsichtig mit der Cocktailsauce mischen.

4 Den Eisbergsalat auf den Wraps verteilen, darüber die Garnelenmischung. Die Gurkenstifte und Melonenspalten nebeneinander längs in die Mitte der Wraps legen und aufrollen.

! **TIPP:** Aus dem restlichen Salat, der restlichen Gurke und Melone lässt sich mit einer leichten Joghurtsauce am nächsten Tag ein erfrischender Salat zubereiten.

PUTENBRUST-KÄSE-WRAPS

➤ schnell & einfach

Die Alternative zu jedem Sandwich: fix gerollt auf die Hand

Zutaten für 4 Wraps
(siehe Seite 18 oder Fertigprodukt):

- *100 g geräucherte Putenbrust in Scheiben*
- *100 g Emmentaler Käse am Stück*
- *1/2 kleiner Eisbergsalat*
- *100 g blaue Trauben*
- *2 Mandarinen*
- *100 g Joghurt*
- *3 EL Mayonnaise*
- *1/2 TL Currypulver*
- *4 EL grob gehackte Walnüsse*
- *Salz • Pfeffer*

ZUBEREITUNGSZEIT: 15 MIN.
PRO PORTION ETWA: 1210 KJ/290 KCAL

1 Die Wraps nach Anleitung zubereiten und warm halten. Die Putenbrust in 1 cm breite Streifen schneiden. Den Käse in 1 cm breite Stifte schneiden. Den Salat in 1 cm breite Streifen schneiden, waschen und trocknen.

2 Die Trauben von den Stielen zupfen und halbieren. 1 Mandarine schälen und in einzelne Schnitze teilen, die andere halbieren und auspressen.

3 Joghurt, Mayonnaise, Curry, Walnusskerne und 4 EL Mandarinensaft gut verrühren. Mit Salz und Pfeffer abschmecken. Die Sauce vorsichtig mit dem Salat, den Mandarinenschnitzen und den Trauben mischen.

4 Die Salatmischung auf die Wraps geben und Putenbruststreifen und Käsestifte der Länge nach in die Mitte der Wraps geben und aufrollen.

TIPPS: Statt Putenbrust schmeckt auch gekochter Schinken oder Mortadella. Wer will, kann etwas weniger Salat verwenden, dafür aber hauchdünn geschnittenen Fenchel einrollen.

SPINAT-GORGONZOLA-WRAPS

➤ vegetarisch

Popeyes Liebling: die starke Rolle ganz in Grün

Zutaten für 4 Wraps
(siehe Seite 18 oder Fertigprodukt):

- *100 g Gorgonzola*
- *100 g Crème légère*
- *Salz • Pfeffer*
- *2 EL Pinienkerne*
- *300 g aufgetauter TK-Blattspinat*
- *1 Knoblauchzehe*
- *3 Frühlingszwiebeln*
- *1 Stange Lauch*
- *1/2 Bund glatte Petersilie*
- *2 EL Olivenöl*
- *2 TL gekörnte Gemüsebrühe*

ZUBEREITUNGSZEIT: 25 MIN.
PRO PORTION ETWA: 1060 KJ/250 KCAL

1 Wraps nach Anleitung zubereiten und warm halten. Den Gorgonzola mit einer Gabel zerdrücken und mit Crème légère glatt rühren, mit Salz und Pfeffer abschmecken. Pinienkerne in einer Pfanne ohne Fett braun rösten.

2 Den Blattspinat abtropfen lassen. Die Knoblauchzehe schälen und hacken. Die Frühlingszwiebeln in Ringe schneiden, dabei den weißen und grünen Teil trennen. Den Lauch putzen, waschen und in schmale Ringe schneiden. Petersilie waschen, trocknen und hacken.

3 Das Öl in einem Topf erhitzen, die weißen Zwiebelringe, Knoblauch und Lauch darin andünsten. Den Spinat dazugeben, mit der Brühe, Salz und Pfeffer würzen, bei mittlerer Hitze 3–5 Min. bei geringer Hitze garen. Die Petersilie unterrühren.

4 Die Wraps mit der Gorgonzolacreme bestreichen und Zwiebelgrün darauf streuen. Die Spinatmasse mit einer Gabel leicht ausdrücken, auf den Wraps verteilen, mit Pinienkernen bestreuen, aufrollen und servieren.

TIPPS: Ganz toll passen hier Spinatwraps! Wenn Ihnen der Gorgonzolageschmack zu intensiv ist, nehmen Sie stattdessen 100 g Ziegenfrischkäse und mischen etwas gehacktes Basilikum unter die Creme.

HAPPY-DUCK-WRAPS

➤ edel

Genau die richtige Rolle für ein Candle-light-Dinner zu zweit

Zutaten für 4 Wraps (siehe Seite 18 oder Fertigprodukt):

- *1 Entenbrust (ca. 350 g)*
- *Salz • Pfeffer*
- *1 Hand voll Feldsalat*
- *75 g Radicchio*
- *6 frische Feigen*
- *1 Stück frischer Ingwer (1 cm)*
- *1 EL Butter*
- *2 EL Zucker*
- *4 EL Portwein*
- *2 EL Aceto Balsamico*

ZUBEREITUNGSZEIT: 35 MIN.
PRO PORTION ETWA: 1190 KJ/285 KCAL

1 Die Wraps nach Anleitung zubereiten und warm halten. Die Haut der Entenbrust in je 2 cm Abstand quer einschneiden, dann beidseitig salzen und pfeffern. Feldsalat und Radicchio zerteilen, waschen und trocknen. Den Radicchio in feine Streifen schneiden. Die Feigen waschen und längs vierteln. Den Ingwer schälen und fein hacken.

2 Eine Pfanne erhitzen und die Entenbrust mit der Haut nach unten hineinlegen. Bei mittlerer Hitze ca. 8 Min. braten, wenden und weitere 8 Min. braten. Anschließend in Alufolie wickeln und im Ofen bei 50° warm halten.

3 Butter und Zucker in einer zweiten Pfanne leicht karamellisieren lassen. Die Feigen dazugeben und 2 Min. darin braten. Mit Portwein und Essig ablöschen, den Ingwer unterrühren und bei kleiner Hitze 2–3 Min. köcheln lassen (die Feigen sollten nicht zu weich werden).

4 Die Entenbrust in schmale Streifen schneiden. Radicchio und Feldsalat auf den Wraps verteilen. Entenbrust darauf legen und die Feigen mit dem warmen Sud darüber geben, aufrollen und sofort servieren.

INDIA-WRAPS

➤ scharf

Gut gewürzt und am besten mit kühlendem Joghurtdip

Zutaten für 4 Wraps
(siehe Seite 18 oder Fertigprodukt):

- *450 g Mangold*
- *150 g rote Linsen*
- *1 Stück frischer Ingwer (ca. 2 cm)*
- *2 Zwiebeln*
- *2 EL neutrales Öl*
- *300 ml Gemüsebrühe*
- *1 TL scharfes Currypulver*
- *1/4 TL Kurkumapulver*
- *1 TL gemahlener Kreuzkümmel*
- *Salz • Pfeffer*
- *1 Fleischtomate*
- *200 g Joghurt*
- *1 Knoblauchzehe*

ZUBEREITUNGSZEIT: 30 MIN.
PRO PORTION ETWA: 960 KJ/230 KCAL

1 Wraps nach Anleitung zubereiten und warm halten. Den Mangold putzen und waschen. Die weißen Stiele in ca. 1 cm breite Streifen, die grünen Blätter in 2–3 cm breite Streifen schneiden. Linsen in ein Sieb geben und mit kaltem Wasser abbrausen. Den Ingwer schälen und fein würfeln.

2 Zwiebeln schälen und fein würfeln. Öl in einem Topf erhitzen, Zwiebeln darin andünsten. Die Linsen dazugeben, unter Rühren anschwitzen, dann die Mangoldstiele, Brühe, Ingwer, Curry, Kurkuma und 3/4 TL Kreuzkümmel dazugeben, salzen und pfeffern. Linsen 10–15 Min. bei schwacher Hitze köcheln lassen, 5 Min. vor Garzeitende das Mangoldgrün unterrühren.

3 Inzwischen für den Dip die Tomate waschen, fein würfeln, dabei den Stielansatz entfernen, und unter den Joghurt rühren. Knoblauch schälen und dazupressen. Mit Salz, Pfeffer und restlichem Kreuzkümmel abschmecken. Linsencurry auf den Wraps verteilen, zusammenrollen und möglichst heiß mit dem Dip servieren.

TIPPS: Wer mag, streut noch etwas gehacktes frisches Koriandergrün über das Curry und den Dip. Statt Mangold kann man 300 g Blattspinat 5 Min. vor Garzeitende unter die Linsen rühren.

Impressum

➤ *Die Temperaturangaben* bei Gasherden variieren von Hersteller zu Hersteller. Welche Stufe Ihres Herdes der jeweils angegebenen Temperatur entspricht, entnehmen Sie bitte der Gebrauchsanweisung. Bei Elektroherden können die Backzeiten je nach Herd variieren.

➤ *Vielen Dank* an die Firma KARDELEN/Schweden, aus deren Programm sich unsere Fotografin bedienen durfte.

Redaktionsleitung: Birgit Rademacker
Redaktion: Sigrid Burghard
Lektorat: Linde Wiesner
Umschlag- und Innenlayout: independent Medien-Design
Fotos: FoodPhotography Eising / Martina Görlach
Foodstyling: Michael Koch
Herstellung: Petra Roth
Satz: EDV-Fotosatz Huber / Verlagsservice G. Pfeifer, Germering / XML-strukturiert
Reproduktionen: Penta Repro München
Druck und Bindung: Alcione
ISBN: 3-7742-5778-7

Auflage: 4. 3. 2. 1.
Jahr: 2006 2005 2004 2003

GRÄFE UND UNZER

Ein Unternehmen der
GANSKE VERLAGSGRUPPE